KB080733

우리가 동물을 사랑할 때

Animal amour

우리가 동물을
사랑할 때

엘렌 식수 글
김모 옮김

이숲

일러두기

———

• 이 책은 다음의 원서를 번역한 것이다. Hélène Cixous, *Animal amour*, Bayard Éditions, 2021.
• 주석은 모두 옮긴이의 것이다.

〈소(小) 강연〉 총서
질베르트 차이(Gilberte Tsaï) 엮음

1929년과 1932년 사이에 발터 벤야민은 젊은이들을 대상으로 한 독일 라디오 방송에 글을 썼다. 이야기, 좌담, 강연 등으로 구성된 이 글은 훗날 '어린이를 위한 지식'이라는 제목으로 출간됐다.

질베르트 차이는 「소(所) 강연들」에 이 제목을 빌려 썼다. 그녀는 계절마다 이 강연을 초등학생 고학년 어린이뿐 아니라 어린이와 함께 온 어른들을 대상으로 개최했다. 매번 강연은 오로지 이해를 도모하여 스스로 깨닫게 하겠다는 것을 목적으로 삼았다. 율리시스, 별이 빛나는 밤, 신, 언어, 이미지, 전쟁, 갈릴레오 등 강연에서 다루는 주제에는 달리 제한이 없었으나 규칙이 하나 있었는데, 그것은 강연자가 참석자들에게 실제로 말을 걸어야 하고, 상투적인 방식을 벗어나 세대와 세대를 가로지르는 우정의 교류를 통해 그렇게 해야 한다는 것이었다.

경험이 쌓이자 이런 언어의 모험을 작은 책자로 만들자는 생각이 자연스럽게 대두됐다. 이 총서는 이렇게 탄생했다.

여러분께 저는 동물 이야기만 하려고 합니다. 마침 한 얼굴이 떠오르네요. 아는 사람은 아니고 며칠 전 신문에서 본 사람인데, 아프리카에서 살해당했다고 해요. 이런 슬픈 일이 처음은 아닙니다. 죽은 영국인 여성의 이름은 조안 루트Joan Root입니다. 프랑스어로 옮긴다면 잔 라신Jeanne Racine이 되겠네요. 조안은 동물을 구하려다 목숨을 잃었습니다. 조안은 숲속 현장에서 활동한 세 번째인가 네 번째 여성인데요, 우리를 구하려고 일한 거나 마찬가지입니다. 우리가 괴롭히는 동물은 우리 자신이라 볼 수 있으니까요.

자, 이제 여러분께 슬픈 이야기와 조금 덜 슬픈 이야기를 해보죠.

화재 사건 이야기로 먼저 시작해 보겠습니다. 2005년 9월 11일, 한밤중에 제가 사는 12층 건물에 불길이 치솟았습니다. 불길이 우리 집 계단까지 번지고 엘리베이터를 집어삼키는 소리를 저도, 제 고양이들도 들었습니다. 건물 10층에서 우리 셋이요. 새벽 한 시에 소방관이 도착했는데, 비상탈출 사다리는 7층까지밖에 닿지 않았어요. 고양이들과 저는 어떻게 했을까요? 저는 눈에 넣어도 아프지 않은, 사랑하는 두 반려 고양이 필리아와 알레테이아를 걱정했습니다. 글을 쓰는 사람이라 원고와 쓰고 있던 글, 공책 수백 권 또한 걱정이었죠. 모두 너무나 소중해서요. 소방관은 필리아와 알레테이아, 공책 몇 권 중에서 먼저 뭘 구할지 선택하라고 했습니다. 아파트에서 저도 뛰고, 고양이도 뛰고, 불 속에서 난리가 일어났죠. 두 눈에 눈물이 차올랐습니다. 고양이들도 누굴 먼저 구하고 누굴 내버려둘지 궁금해했습니다. 결국에 우리가 선택하는 건 누구일까요? 상대방일까요? 아니면 자기 자신? 진실을 알게 되면 여러분께 전해드리도록 하죠.

우리 집에 불이 나고 얼마 지나지 않아 허리케인 카트리나가 미국 뉴올리언스를 강타했을 때, 저는 태풍 때문에 개 삼천 마리가 주인을 잃고 꼼짝없이 갇혀서 물에 잠긴 집의 지붕 꼭

대기에서 야위어 가는 신세가 된 걸 텔레비전에서 보았습니다. 세상 끝에 홀로 남은 것처럼요. 그곳 모든 개는 버려지려고 태어났습니다. 눈물이 흘렀습니다. 개 때문에 울었습니다. 허리케인 때문에 배를 곯고 목이 말라 죽어가는, 발이 묶인 개들이 눈물을 흘리자 저도 눈물이 났습니다. 더 솔직히 말하자면, 갈비뼈가 불거진 사람들, 배신당한 사람들, 기억나지 않는 성실한 사람들 때문에 울었습니다. 한때 낙원이었을 알제리는 제가 어릴 적엔 지옥과 같았습니다. 알제리에 살 때 정원에서 처음으로 개를 키웠는데, 저를 배신한 그 개와 앞서 말한 사람들은 좀 비슷했습니다. 좀 더 말하자면, 저는 지옥이 뭔지 잘 압니다. 지옥은 배신당한 개가 사는 천국이죠. 하느님께서 사람보다 먼저 살았던 동물을 사람의 손에 넘겨주실 때, 천국에서 지옥이 열립니다. 하느님께서 "자, 너희들의 첫 번째 종이 여기 있으니 이름을 붙이거라." 하고 말씀하실 때 말입니다. 저는 고양이 두 마리를 곁에 두고 여러분을 생각하며 여기까지 쭉 썼습니다. 제가 결코 제 고양이들을 배신할 일이 없길 바랍니다. 고양이를 배신하는 일은 스스로를 배신하는 일을 넘어섭니다. 고양이는 사람과 과부, 고아에게 최고의 생명체이며 제가 저 자신보다 더 사랑하지 않았다면 죽였을지도 모를 아이기도 합

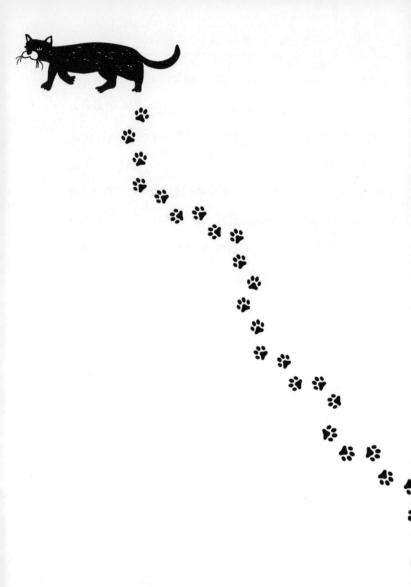

니다. 저는 고양이였을까요? 유기 고양이? 아니면 전생에 생쥐였을까요? 오늘 저는 여러분께 잘 모르지만 느낄 수는 있는 걸 모두 이야기하려 합니다. 기회가 있을 때마다 제 마음을 훔치는 입술에 대해 말이죠.

이미 여러분은 예상했을 겁니다. 고양이에게 제 마음을 내주었다는 사실을요. 그런데 이건 고양이보다 더 복잡한 일입니다. 고양이에게 마음을 주는 건 동생 같은 강아지에게 마음을 너무 주지 않기 위해서가 아닐까 싶기도 합니다. 아니면 이전에 남동생 같던 강아지에게 마음을 충분히 주지 않아서일수도 있고요. 남동생 같은 강아지라고 했는데 제 인생의 강아지가 동생인지 아들인지는 좀 헷갈리네요. 인생의 강아지라니 인생의 남자나 인생의 사랑 같은 뻔한 말 같기는 한데, 강아지는 처음엔 약간 제 아들 같았습니다. 아버지께서 강아지가 아닌 제 남동생과 저에게 주신 아이였죠. 그리고 시간이 지나 강아지는 아버지의 아들이 되었습니다. 당나귀를 우리 가족의 증인으로 세우겠습니다. 좀 복잡하지만, 삶과 죽음에서 관계는 늘 복잡한 법이니까요.

핍스 이야기를 해볼까요. 핍스는 제가 절대 잊지 못할 개입니다. 여기, 가슴 한켠에 간직하고 있습니다. 가슴속과 두개골 아래 말이죠. 핍스는 저를 붙들고 절대 놓지 않을 겁니다. 1939년에서 1945년 사이에 벌어진 세계 대전 때 모든 일이 일어났습니다. 남동생과 저는 여섯 살, 일곱 살이었습니다. 우리는 둘뿐이라 막냇동생이 있으면 했지만, 전쟁이 일어났습니다. 의사인 아버지는 육군 중위 군의관으로 일단 입대했지만, 다른 유대인처럼 군대에서 쫓겨나셨습니다. 아버지는 유대인 중위였습니다. 그러고 나서 아버지는 몹시 아프셨습니다. 이런 상황에서 아버지와 어머니에게 동생을 낳아달라고 바라는 건 헛된 소망이었죠. 전쟁이 끝나자, 아버지는 정원을 가꾸시고 우리 남매는 정원에서 놀았습니다. 그리고 마침내 아버지께서 우리에게 한 아이가 올 거라고 말씀하셨죠. 그 아이가 바로 강아지였습니다. 아버지가 무척 아프셔서 사실 동생을 갖는 일이 불가능했기에 강아지 한 마리를 입양했습니다. 여러분이 상상하는 것보다 우리는 더 기뻐했습니다. 우리는 필요하다면 무슨 일이든 했어요. 먼저 신발 상자에 부겐빌레아[1] 잎을 깔고 잘 곳

---

[1] bougainvillier. 알제리의 일부 지역에 많이 피는 꽃으로 건조한 열대 지역에서 자란다.

을 준비했습니다. 이 이야기의 무대는 알제리입니다. 제가 태어난 나라지요. 독일에서 태어난 어머니를 빼고 우리 가족은 모두 알제리에서 태어났습니다. 어느 날 핍스가 도착하면서 모든 게 엉망이 되었습니다. 이 강아지는 지렁이, 도마뱀, 개구리 같은 녀석이었어요. 잠자리에 눕히면 바로 튀어나오는 강아지였죠. 다시 넣고 앞을 지키고 있어도 튀어나왔습니다. 이부자리에 머물게 할 수 없었어요. 핍스는 날뛰고, 장난치며, 까불고, 도망 다니고, 뛰어오르고, 멀리 뛰거나 높이 뛰느라 항상 바빴습니다. 엄청 높은 문도 한 번에 훌쩍 뛰어넘는 강아지다 보니 상자 안에 두는 건 뭐 거의…. 우리는 강아지를 흔들어 재우고, 옷을 입히고, 기저귀도 채우고, 우유도 먹이며 아기처럼 돌보고 싶었습니다. 그러나 강아지는 보이지 않는 날개를 달고, 독수리의 영혼과 로켓의 추동력, 강철 같은 의지로 무장하고 날아다녔습니다. 핍스는 예민한 신경 속에 숨은 신, 또는 강아지가 아니었던 제 남동생 얼굴을 닮은 신이었습니다. 무엇보다 핍스는 눈으로 말하고 소리치는 듯한 눈빛을 발사했습니다. 네, 맞습니다. 핍스는 눈빛으로 욕망을 분출했어요. 핍스와 비교하면 세갱 아저씨 댁 염소는 온순한 양처럼 걸어 다니는 털 뭉치였죠.

제가 우리 핍스는 신이었다고 했는데요, 핍스는 자유를 수호하는 신이었습니다. 핍스는 함성 그 자체였죠. 자유, 자유, 자유를 달라! 누구도 아니라고 할 수 없을 만큼 핍스는 자유를 좇는 강아지였습니다. 그러나 핍스는 평생 자유로운 적이 없습니다. 그게 우리 모두를 불행하게 만들었죠. 우리는 자유를 오로지 마음의 근육으로만 압니다. 자유가 공기를 치고 두드리는 걸 느낍니다. 자유가 없을 때, 환희와 절망 속에서 자유를 진정으로 갈망합니다. 이것이 바로 자유의 신비입니다. 제가 여러분과 저를 위해 되살리고 싶은 것이죠. 이 짜릿한 맛을 우리는 마음이 소리친다고 합니다. 그러나 이 외침은 감옥에 갇혔을 때, 몸이 철장 속에 들어가 있을 때만 터져 나옵니다. 눈을 돌리면 창살과 기둥, 막대, 벽이 있는 곳에서 말입니다. 자유는 마음 깊은 곳에서 타오르는 불꽃이며, 내면 세상, 마음속에 있습니다. 반면, 바깥은 거대한 감옥입니다. 그러나 갇혀 있는 사람보다 더 자유로운 사람은 없습니다. 우리는 모두 이 사실을 알기에 좋은 위치에 있지요. 갇혀 있을 때 우리는 자유만 생각합니다. 남아프리카 공화국의 민주주의를 확립한 훌륭한 정치가 넬슨 만델라가 무기징역을 선고받고 로벤섬 감옥에 갇혔을 때, 만델라는 끊임없이 자유를 생각했습니다. 세상을 빼앗

기고 만델라는 영혼의 힘을 발휘하여 남아프리카 공화국과 아프리카 대륙 전체의 미래를 머릿속에 구상하기 시작했습니다. 이 일은 27년 동안 이어졌습니다. 핍스는 아직 알려지지 않은 대륙도 머릿속에 만들어 냈습니다. 그리스 신화에서 프로메테우스는 최초의 인간에게 불을 주어 세상을 만들게 했다는 이유로 신들에게 붙들려 세상 꼭대기에 묶입니다. 비록 육체는 사슬에 묶였지만, 프로메테우스의 영혼만은 자유로웠습니다. 알아볼 방법만 있었다면 우리는 핍스가 프로메테우스의 후손이라 해도 믿었을 겁니다. 핍스의 눈에서는 불이 뿜어져 나왔는데, 불은 말을 했습니다. 마음속 깊은 곳에서, 우리는 이 불이 말하는 소리를 여전히 들을 수 있습니다. 핍스의 눈은 어린아이의 눈보다 예언자의 눈과 비슷했습니다. 그 작은 머리에 달린 자신만만한 눈은 어디로 갈지 살피느라 바빴습니다. 여기로 갈지 저기로 갈지 말이죠. 핍스의 영혼, 핍스의 불꽃, 핍스의 단어는 모두 자유를 추구했습니다. 여러분이 핍스를 본다면 그물과 장벽, 울타리, 철조망을 뚫고 날아가는 불꽃 화살이라 생각했을 겁니다. 마지막 숨을 내쉬며 하늘 저 멀리에 끝내 도달하는 화살 말입니다. 울타리, 철조망, 철장, 쇠창살 얘기를 했는데, 이건 상상이 아니라 모두 실제로 있었던 대상입니다. 이 모든 게 증오와 인종차별로 들썩이던 제 나라, 알제리에 있었기 때문입니다. 당시, 마침내 감옥에서 벗어났다고 생각할 때마다 우리는 또 다른 감옥에 갇혔습니다. 전쟁 중 우리 가족은 인종차별을 하며 반유대주의를 외치는 나치의 감옥 속에 갇혀 있었습니다. 유대인인 우리 가족은 공원에 들어갈 권리도, 학교에 다닐 권리도, 직장에 다닐 권리도, 특정 거리를 돌아다닐 권리도, 산책할 권리조차도 없었습니다. 전쟁이 끝나고 아버지는 정원을 가꾸며 세상을 다시 만들기 시작하셨습니다. 그건 부활이었습니다. 나무가 있고, 생명이 있고, 핍스가 있었습니다. 한동안 우리는 감옥을 잊었습니다. 우리는 강아지를 가둬 두려 하고, 강아지는 도망가려 했던 상자가 있던 건 사실이지만요. 우리는 강아지가 왜 그렇게 갇혀 있기를 싫어하는지 이해할 수 없었습니다. 그래서 우리 사이에는 긴장이 약간 감돌았죠. 우리가 "핍스!"라고 부르면, 핍스는 "자유!"라고 답했습니다. 핍스는 포기할 줄 몰랐어요. 상자에는 다시 신발을 넣어 두게 되었습니다. 우리는 부모로서 실패하고 말았죠. 이처럼, 그것은 완성된 사랑, 추상적이고 안정적인 사랑에서 비롯하기 전에 이미 구상돼 있는 어떤 것이 아니라 한 마리의 강아지였을 뿐입니다. 우리는 사랑으로 이어져 우리를 잘 따르는 강

아지를 우리 마음대로 꿈꿨습니다. 강아지가 이런 방식이 아닌 저런 방식으로 우리를 좋아하길 바라고, 우리는 이런 방식이 아닌 저런 방식으로 강아지를 쓰다듬고 싶어 했습니다. 사랑이라는 큰 감정을 품기에는 너무 어렸기에, 우리는 매우 화가 났고 표현하기 어려운 기분이 들었습니다. 우리는 강아지가 우리가 상상한 모습이길 바랐지만, 강아지는 그런 모습을 원하지 않았습니다. 강아지는 참지 않았고, 우리의 방식이 아닌 자신의 방식으로 우리를 따랐습니다. 우리는 조용히 실망해 갔고요. 알아차리지 못한 채로 우리는 강아지를 조금씩 덜 좋아하게 됩니다. '조금씩 더'가 아니라 불행히도 '조금씩 덜' 좋아한 거죠. 그리고 그 마음은 바뀌지 않았습니다. 더구나 핍스는 정원 울타리를 아주 멋지게 뛰어넘어 밖에서 시간을 보냈습니다. 감탄해 마땅한 일이었지만 우리는 좀 화가 났습니다. 핍스가 함께 놀고 싶어 하는 건 우리가 아니라 하늘과 땅이었습니다. 그리고서 핍스는 언제나 세상 최고의 강아지처럼 자신만만하게 승리에 취해 돌아왔습니다. 그리하여 마침내 우리는 핍스를 길들일 수 없으며 핍스가 우리보다 세상을 더 좋아한다는 걸 막연히 느끼고, 이유도 모른 채 기분이 약간 상했습니다. 한편, 아버지가 핍스를 야수라고 부를 때마다 아버지

목소리는 감탄이라고 봐도 좋을 만큼 반짝였습니다. 깜빡하고 말하지 않았는데, 핍스는 아주 작았습니다. 들쥐보다 약간 더 컸죠. 핍스는 쥐잡이, 쥐 사냥꾼이었어요. 핍스는 그저 본능을 따라 사냥했고 거대한 자연에 관심이 많았습니다. 나갔다 돌아올 때마다 핍스는 원정을 다녀온 영웅처럼 성장했습니다.

핍스가 가장 좋아한 사람은 아버지였습니다. 몸을 떠는 연약한 존재를 어떻게 생각하는지 말하는 대신 아버지는 의사로서 핍스를 치료하고, 눈에 안약을 넣어주며, 예의를 갖춰 대했습니다. 아버지와 핍스, 둘은 모두 자유를 숨 가쁘게 갈망했습니다. 그러다 아버지는 갑자기 돌아가셨어요. 하루아침에 감옥은 텅 비었습니다. 정원은 버려지고 수풀이 무성해졌습니다. 아버지가 돌아가시자 독일에서 외할머니가 오셨고 어머니는 먹고살기 위해 미친 듯이 일을 하기 시작했습니다. 어머니는 집에 계실 때가 없었고, 낮에는 외할머니가 우리를 돌봐주셨습니다. 독일 사람인 오미 할머니는 체구가 자그마한 대단한 여성이었습니다. 엄청 작았는데, 쥐잡이만큼은 아니지만 꽤 아담하셨어요. 용감하고, 독선적이며, 강인한 할머니는 요리와 정리 정돈을 지휘했습니다. 할머니는 독일어로 소리치며 파란,

파란, 파란 눈으로 번개를 내리쳤습니다. 우리는 할머니를 존경하면서도 무서워했어요. 우리 사이에는 동물 때문에 문제가 좀 있었습니다. 할머니는 동물, 그러니까 동물 모두를 마치 다 같은 종류인 것처럼 여겼습니다. 할머니는 동물을 사람과 반대라고 딱 잘라 정의하셨죠. 아무튼 동물은 밖에 살아야 한다. "나가!" 외갓집에서 동물이 같은 지붕 아래, 실내에서 산다는 건 언제나 상상할 수 없는 일이었습니다. 각자 자기 자리가 있으니까요. 밖에서 생활하는 동물에게는 사용 가치에 따라 늘 서열이 주어졌습니다. 이를테면, 고양이는 최하위에 속합니다. 개보다 말이죠. 안티-개는 집도 안 지키고 도둑질이나 하니까요. 고양이는 닭보다도 못합니다. 닭은 잡아먹을 수 있으니까요. 할머니에게 동물은 하찮은 것에 불과했습니다. 동물은 먹을 걸 줘야 하는 대상이거나 먹을 걸 제공받는 대상일 뿐이었죠. 할머니는 개에게 먹이를 주고 닭을 먹었습니다. 우리 집에서 기른 닭을 잡아먹었죠. 저는 그럴 수 없었습니다. 핍스를 먹는 것만 같아서요. 우리는 함께 놀던 닭을 잡아먹었습니다. 먼저 닭의 목을 잘랐습니다. 이어서 아이차가 닭 털을 뽑았는데, 입에 담기도 어렵군요. 저는 닭과 대화하곤 했습니다. 닭에게 말을 걸면 닭이 대답했고 얼마 지나 닭은 구이가 되었어요. 말도 안 되는 일이었죠. 저는 사촌이나 이모를 먹는 기분이었습니다. 동물을 향한, 동물을 위한, 동물과의 사랑은 완전 이상한 생각으로 취급하는게 당연했습니다. 당시엔 이상한 생각에 불과했어요. 외할머니는 한 번도 동물을 사랑한다고 생각해 본 적이 없으셨을 겁니다. 그건 어린애들이나 하는 생각이었죠. 외할머니는 독일의 위대한 철학자 하이데거와 똑같이 생각하셨습니다. 하이데거를 한 번도 읽어보지 않았을 테지만요. 외할머니와 하이데거에 따르면, 동물은 "벨트암weltarm", 그러니까 세상의 가련한 존재였습니다. 외할머니와 하이데거에 따르면, 동물은 삶과 죽음, 존재 그 자체와 태양 그 자체에 아무런 관심이 없기 때문입니다. 동물은 아무것도 생각하지 않고, 아무것도 느끼지 않으며, 아무것도 상상하지 않는다고 외할머니와 하이데거는 생각했습니다. 할머니는 동물은 죽는 게 뭔지 모른다고 생각했습니다. 하이데거 또한 외할머니처럼 생각했습니다. 그리스 철학자 아리스토텔레스는 동물은 이성이 없고 사람은 이성이 있는 동물이라고 보았는데, 이러한 아리스토텔레스의 주장은 이후 고전 철학 전통에서 이어졌으며, 하이데거는 여기서 한발 더 나아갔습니다.

1948년 2월 12일 핍스는 아버지가 돌아가셨다고 생각했고, 모든 것을 잃은 것처럼 보였습니다. 그날, 핍스는 죽어라 짖어 댔습니다. 남동생도 "기억난다."고 합니다. 저는 하루 종일 핍스가 울부짖는 소리를 들었습니다. 아직 그때 우리는 아버지의 죽음을 모르고 있었습니다. 이틀 후 어른들이 그 사실을 말해주었는데 핍스가 미리 아버지의 부고를 알려준 것이었죠. 핍스의 울부짖음은 당연한 것이었고, 핍스는 죽음이 뭔지 아는 유일한 존재였습니다. 핍스는 아버지를 위해 울었고, 혼자였습니다. 핍스는 자기 삶과 자유 때문에 울었습니다. 핍스는 사랑 때문에 울었습니다. 핍스는 완전히 혼자였고 우리는 핍스가 울부짖는 걸 듣고 싶지 않았습니다. 핍스는 지구에 혼자 남아 정원을 증인으로 삼았습니다. 핍스는 소리쳤습니다. "세상이 끝났다. 난 죽었어, 죽었어, 죽었어." 하지만 그 말은 인간의 말로 통역되지 않았습니다. 갑자기 저는 외할머니에게 맞서 핍스 편을 들었습니다. 시선이 드넓은 공간으로 뻗어나가는 걸 느꼈습니다. 핍스에게 그 공간은 세상의 전부였고, 제게 세상의 전부는 바로 책이었습니다. 저는 읽고 또 읽었고, 핍스는 달리고 또 달렸습니다. 그러다 핍스는 더 이상 뛰지 않았습니다. 멈춰 선 것입니다. 그리고 그건 핍스에게 사형 선고였습니다. 이제 어떻게 된 일인지 말해드리지요.

먼저 알제리를 상상해 볼까요. 알제리는 주인과 노예가 서로 죽이는, 대단히 폭력적이고 매우 복잡한 나라였습니다. 이런 복잡한 상황을 조금 설명하자면, 알제리는 1830년대부터 프랑스에게 식민 지배를 받았습니다. 알제리에서 태어난 원주민은 아랍인과 카빌인, 유대인이 섞여 있었는데, 갑자기 프랑스의 식민지가 되면서 정치적 폭력의 역효과로 알제리에 살던 각 민족은 이웃의 적이 됩니다. 집단이 열 개라고 치면 집단 하나가 이웃 아홉을 싫어하고, 나머지도 이렇게 서로를 싫어했습니다. 게다가 특정 민족이 다른 민족을 지배하고 또 다른 민족을 핍박했습니다. 프랑스인은 민족 모두를 핍박하고 마치 노예처럼 여겼습니다. 물론 그런 말을 하진 않았지만요. 노예가 아닌 사람들은 프랑스인을 싫어했고 서로를 싫어했습니다.

핍스 이야기로 돌아와, 아버지가 없으니 우리는 바로 사냥감이 되었습니다. 왜냐고요? 판자촌 이웃들은 의사를 형제처럼 사랑했지만, 우리는 더 이상 의사인 아버지의 가족이 아니었으니까요. 우리 가족은 판자촌 변두리에 살았습니다. 그곳

에는 아랍인 오만 명이 수도꼭지 한 개에 의지한 채, 물이 부족한 상태로 살았습니다. 마법은 더 이상 통하지 않았습니다. 억압받는 아랍인을 치료하는 의사인 아버지가 안 계셨기 때문이죠. 하루아침에 아랍 형제들의 눈에 우리는 유대인, 백인, 심지어 우리가 한 번도 된 적 없는 프랑스인이 되고 말았습니다. 어째서일까요? 어떤 면에서 보면 아랍인은 분노로 눈에 핏발이 설만큼 굉장히 오랫동안 너무나 비인간적으로 수치스러운 학대를 받았습니다. 학대받은 개처럼 아랍인은 동족을 물어뜯었습니다. 아랍인은 유대인도 식민 지배를 받으며, 마찬가지로 프랑스인들에게 떠밀린 사실을 간과했습니다. 아랍인은 밤낮을 가리지 않고 저와 남동생을 공격해 왔습니다. 우리는 "그만, 그만! 우린 안 떨어질 거야." 하고 외쳤죠. 그러나 이웃들은 우리 말을 듣지 않았고 우리는 포위된 채 시달렸습니다. 어머니는 마을에, 외할머니는 부엌에, 남동생과 저는 정원에서요. 한때 가까웠지만 멀어져 버린 사람들이 정원 주변에서 공격해왔습니다. 돌이 비처럼 날아들었습니다. 우리는 나무로 만든 안락의자를 방패로 삼고, 마음속에 피를 흘리며 돌에 돌로 답했습니다. 남동생과 저는 방어하려고 돌과 흙덩이를 던졌습니다. 명예는 지켰지만, 평화와 핍스는 지키지 못했습니다. 남동생과 저는 포위된 상태에서도 자유로웠지만, 핍스는 자유를 모두 잃고 말았습니다. 자, 바로 여기에 이 이야기의 잔인한 반전이 있습니다. 이제 핍스는 포위하는 사람과 비슷해졌습니다. 불의와 빈곤에 분노한 아랍인 이웃과 비슷해진 겁니다. 우리처럼 핍스도 하루 종일 폭격을 받았지만, 어느 날 모든 상황이 핍스에게 불리하게 돌아가고 맙니다. 다치고, 돌팔매질을 당한 핍스는 개집으로 피해야만 했습니다. 핍스는 돌을 던진 사람에게 다시 돌을 던질 수 없어 수치스러워 보였습니다. 핍스는 고통과 수치, 특히 수치 때문에 거품을 물었습니다. 아버지의 정원은 폭력으로 가득찼습니다. 정원은 굴욕적인 감옥이 되었죠. 그건 또 다른 전쟁이었고, 또 다른 감옥이었으며, 끝이 보이지 않았습니다. 개는 더 이상 잠을 자지 않았습니다. 핍스의 두 눈에는 붉은 태양이 떠올랐고, 머리를 한 대 맞은 사자처럼 으르렁댔습니다. 어느 날 아침, 핍스는 머리 위에 분노와 근심의 구름을 뒤덮고 고통으로 어쩔 줄 모르며 미쳐 날뛰었습니다. 그러다 실수로 우체부에게 달려들어 바짓가랑이를 찢고 말았습니다. 핍스는 즉시 붙잡혀 판결 후 유죄 선고를 받았습니다. 우리는 핍스에게 목줄을 매고, 빨래를 너는 금속 밧줄에 줄을 연결했습니다. 개는 한 생명으로서, 개로서, 아버지의 아들로서

묶였습니다. 우리 손으로 지난날 우리의 아이였던 형제를 쇠사슬에 묶었습니다. 우리는 핍스를 걸레처럼 매달아 두었습니다. 핍스는 이날부터 지옥에 있게 됩니다. 합당한 이유로 고통스러운 운명 속에서 피를 흘리는 사람처럼요. "자유다, 나는 자유다!"라고 외치고 다니던 시절이 끝나고 무고한 죄수는 이렇게 생각했습니다. "벌받아 묶여서 혼자, 혼자로구나. 묶여서 맞을 일만 남았군." 저는 핍스에게 말을 걸어보려 했지만 말이 목에 걸려 나오지 않았습니다. 핍스는 "이건 사는 게 아니야."라고 생각합니다. 저도 "이건 사는 게 아니야."라고 생각합니다. 노예는 자유 말고 아무것도 생각하지 못한 채 고통받습니다. 우리는 핍스를 하루 한 번 저녁에 협박 속에서 풀어주었습니다. 저녁마다 배가 고파지면 핍스는 세상과 음식 중에 선택해야 했습니다. 그래서 핍스는 알아서 산보를 줄였습니다. 배고픔에 지쳐 겨우 대문을 통과한 핍스는 으르렁거리며 운명에 순응해 목줄을 다시 찼습니다. 그러나 전쟁은 계속됩니다. 돌팔매질 속에서 핍스는 머리를 하늘로 치켜들고 하늘에 묻습니다. "나는 유대인인가요? 그런데 유대인이 무슨 뜻이죠?" 하늘은 핍스에게 대답하지 않았습니다. 그래서 핍스는 "나는 아랍인인가요?" 하고 묻습니다. 하늘은 대답하지 않고 넘어갑니다.

핍스는 양이고, 늑대이며, 사람들 사이의 증오였습니다. 유대인의 양이 아니라면 아랍인의 양입니다. 어느 쪽이든 사람들은 입으로 양을 갈기갈기 찢어버렸습니다.

여기서 이 이야기를 마무리하고 싶지만 그건 비겁한 일이겠죠. 산 사람이 죽은 사람을 마치 없는 사람 취급할 수 있는 탓에 죽은 사람의 자리는 너무나 불안정합니다. 망자는 다른 방식으로 존재합니다. 제가 여기서 이야기를 멈춘다면 핍스가 망자들이 머무는 곳에서 슬퍼할 겁니다. 이제 핍스는 죽었고, 저를 대신해 실제로 죽었지만 제 기억 속에는 영원히 살아 있습니다. 제가 진실을 모두 털어놓지 않으면 핍스가 슬퍼할 겁니다. 묶여 있는 핍스에게 아무 말도 건네지 않았는데, 사실 이런 말을 해야 했습니다. "알지 핍스, 지금은 학살과 노예, 불의와 맹목적인 증오, 치명적인 오해가 넘치는 시대야. 우리는 다같이 불구덩이 속에 있어. 하지만 결국 모든 건 끝나니까 이 시간도 끝날 거야. 대홍수가 끝나면 재회의 시간이 오는 것처럼 차별이 끝나면 화해의 시간이 찾아올 거야." 핍스는 답했을 겁니다. "그래, 그렇지만 그때가 오면 나는 아마 여기 없을걸, 친구." "그래도 미래는 찾아올 거야."라고 말해줬어야 했는데, 저는 아무 말도 하지 않았습니다.

어머니는 미친 듯이 일했습니다. 저는 책으로 피신했죠. 동물원의 동물처럼 각자 떨어져 자기 철창에 들어갔습니다. 하지만 저는 스스로에게도 아무 말 하지 않았습니다. 도무지 더이상 무엇을 해야 할지 조금도 알 수 없을 때, 방어벽에 완전히 갇혔을 때, 그 안이 너무나 끔찍할 때, 해결할 방법이 없을 때, 우리는 때로 침묵합니다. 마음에 재갈을 물리고, 코와 귀를 막고, 결국 아무 생각도 하지 않게 됩니다. 아니면 무엇을 할 수 있을까요? 저는 눈이 멀어 볼 수 없었습니다. 나약함과 두려움 같은 최악의 감정 때문에 눈이 멀었다는 편이 좋겠네요. 여기서 잠깐 여러분과 최악의 감정이 뭔지 이야기해 볼까 합니다. 그건 두려움이 아니라 바로 죄책감입니다. 지금의 저는 뭔가 할 수 있었다는 걸 압니다. 생명체 모두가 이해할 수 있는 말을 어떤 언어로든 속삭일 수 있었을 겁니다. 핍스에게 사랑 노래를 흥얼거려 줄 수 있었을 겁니다. 저는 당나귀나 닭과 대화할 수 있습니다. 언젠가 플로리다에서 저는 악어와 이야기하기도 했습니다. 악어는 멀리 있다가 제가 불러서 달려온 듯했습니다. 악어가 소리 없이 미끄러져 늪 가장자리에 오자 주변 사람들이 모두 달아났습니다. 생명체 사이에 서로 옮기고 이해하는 언어가 있는 것은 또 다른 이야기입니다.

시간이 넉넉하니 나폴레옹이 벌인 전쟁 중, 알제리 사하라 사막에서 길을 잃고 혼자가 된 프랑스 군인이 표범을 만난 이야기를 좀 해볼까요? 군인과 표범은 서로에게 친구이자 부모, 연인, 동지가 될 만큼 깊은 사이가 되었습니다. 같은 종이 아닌 이 둘은 좋든 나쁘든 표범과 군인의 조합입니다. 이런 사랑은 일찍이 없었을 겁니다. 이 이야기는 제가 지어낸 것이 아니라 발자크의 『사막의 열정Une passion dans le désert』에 나오는 실화입니다. 이 놀라운 이야기가 끝날 때쯤, 이 모험담을 듣던 한 여성이 "아니 어쩜 그렇게 서로 이해하고 잘 지내던 둘이 끝난 걸까요?"라고 묻자, 화자가 대답합니다. "거대한 열정이 다 그렇듯 오해 때문에 이들 관계도 끝이 났습니다." 서로 어느 정도 배신을 당한 것 아닐까요. 군인은 표범이 자신을 물 수도 있다는 생각에 갑자기 표범을 죽입니다. 표범은 아무런 저항 없이 잠자코 죽습니다. 질문한 여성이 "잘 지내던 둘"이라고 했는데, 저는 이 말을 보물처럼 간직하고 있습니다. 오해는 두 사람, 두 생명이 쉬지 않고 서로를 바라보다 갑자기 서로를 알아

보지 못하는 일입니다. 악몽처럼요. 함께 살고, 서로 사랑하며, 서로의 품에서 잠들다, 어쩌다 깨어나서는 숨어 있던 신비로운 이유로 갑자기 깜짝 놀라며 상대를 알아보지 못합니다. 상대가 자신도 아니고, 상대방도 아닌, 죽어 있는 자신이라고 생각합니다. 그리하여 상대를 더는 알아보지 못하고 공포에 질려 상대를 죽이고 맙니다. 제일 가까운 상대를요. 오해가 있었을 뿐인데 최악으로 끝나고 맙니다.

사막이 되고 만 정원으로 돌아가 보겠습니다. 핍스와 저 사이에는 오해가 있었습니다. 저는 열두 살이고 핍스는 네 살이었습니다. 핍스는 죄수였고요. 초인종이 울렸을 때, 저는 방에서 꿈을 꾸듯 책을 읽고 있었습니다. 『사막의 열정』이었을지도요. 초인종이 울리고 또 울리자 저는 뛰쳐나갔습니다. 항상 저만 문을 열러 나가는 데 화가 났습니다. 머리부터 발끝까지 화가 났어요. 핍스는 안뜰에 묶여 누워 있었습니다. 핍스는 화가 잔뜩 난 두 발이 자기 머리로 향해오는 것을 보았겠지요. "또 뭐지? 뭐 때문에 화난 거야? 너도 나랑 한판 싸우고 싶어?"라고 핍스는 생각합니다. 그리고 핍스는 절망에 휩쓸립니다. 야수는 "만지지 마!"라고 외치죠. 핍스는 제 오른발에 뛰어들어 몸을 부들부들 떨면서 마치 못을 박듯 제 발에 이빨을 콱 박았습니다. 저는 맨발이었습니다. 우리는 맨발로 살았거든요. 저는 물려서 죽을 거라 생각했습니다. 발뿐 아니라 마음과 생각 여기저기를 물렸습니다. 핍스는 저를 놓아주지 않았습니다. 마치 이렇게 말하는 것 같았죠. "너는 날 놔버리고 버렸지만 나는 널 절대로 놔주지 않을 거야." 핍스의 이빨이 제 목구멍까지 박혔습니다. 저의 목구멍일까요, 핍스의 목구멍일까요. 우리는 미친 듯이 흐느끼기 시작했습니다. 바닥에 쓰러졌고, 우리 무게 때문에 바닥이 뒤집히면서 우리는 영원의 입속으로 굴러갔습니다. 세탁실에서 빨래하던 아이차가 비명 소리를 듣고 우리를 떼어놓기 위해 시트를 비틀어 무거운 밧줄을 만들어서는 물러설 줄 모르는 핍스에게 내려쳤습니다. 아이차는 내려치고 또 내려쳤습니다. 세 번째 내려쳤을 때, 핍스 안의 무언가가 우지끈 부러졌습니다. 마음, 그러니까 절망을 버티던 힘 같은 게 말이죠. 핍스를 떼어내자, 상처가 심각해 다들 경악했습니다. 저는 핍스일 수 없었고, 핍스도 제가 될 수 없었습니다. 저는 제가 될 수도 없었습니다. 저는 발의 살점이 갈가리 떨어져 나간 모습을 겁에 질려 바라보았습니다. 살점도, 피도 보고 싶지 않았습니다. 핍스를 보고 싶지도, 어떠한 고통도 목격하고 싶지 않았습니다. 마치 우리를 연결하던 마지막 실이 끊어진 듯했어요. 발을 꿰매고 상처는 닫혀갔습니다. 모든 게 닫히고 제 눈도 마찬가지였습니다. 제 안의 무언가가 핍스를 더 이상 원하지 않았습니다. 헷갈릴까 봐 얘기하자면, 그건 분노나 공포, 원한이 아니라 죄책감과 무력감이 뒤섞인 감정 때문이었습니다. 핍스의 상처를 본 것 같았습니다. 상처는 너무 깊고 깊어 닫히지 않았습니다. 저는 아버지가 아니었기 때문에 상처를 치료할 수도, 꿰맬 수도 없었습니다. 핍스의 고통을 달래는 숙제는 제 힘으로는 역부족이었어요. 그 후 저는 핍스 앞을 지나가지 않고 마치 핍스가 없는 것처럼 굴었습니다. 저는 이 모든 걸 누구에게도, 심지어 제 자신에게조차 이야기한 적이 없습니다. 얼마 후, 핍스가 병아리콩만큼 커다란 진드기에게 물려 진드기를 손가락으로 뽑아주었습니다. 피를 빼는 뱀파이어를 사랑과 연민 속에서 뽑아내야 했을 텐데요. 나중에 저는 생명을 구하고 치료한다는 기쁨 속에서 고양이의 자그마한 발톱에 박힌 진드기를 떼어냈습니다. 하지만 지옥 같던 시절에 저에겐 사랑보다 혐오가 더 가득했습니다. 마지못해 진드기를 떼어주었죠. 핍스보다 제 상황이 더 안타까웠습니다. 핍스가 고통받는 걸 보면 제 고통이 먼저 떠올랐죠. 저는 핍스의 엄마도, 아버지도, 호위무사도 아니었으니까요. 저는 개의 수호천사도

아니었습니다. 진드기가 핍스를 산 채로 뜯어먹었습니다. 불속을 가로질러 과거의 아이를 구해야 했는데, 지금은 할 수 있는 일이지만 그때는 할 수 없었습니다. 그럼에도 저는 핍스를 사랑했습니다. 그때 그 정원에서는 아니었지만요. 시간이 흘러 생각해보니 말입니다.

좀 전에 제가 사랑하는 쌍둥이 고양이 두 마리 이야기를 했는데, 한 마리는 흰색, 한 마리는 검은색입니다. 참, 필리아와 알레테이아와 살기 전 또 다른 고양이 테시가 있었습니다. 보들레르가 『여행으로의 초대 *L'Invitation au voyage*』에 쓴 아름다운 문구처럼 "내 사랑이자 내 아기, 내 여동생, 내 약혼자"였죠. 테시가 다가왔을 당시, 저는 도망쳤습니다. 테시는 엄마 잃은 아이였는데, 아주 어릴 때 길을 잃어 극장의 장작 난로 밑을 헤매고 있었습니다. 거기 내던져 있었죠. 극장은 다른 고양이들 구역이라 테시는 괴롭힘을 당했습니다. 테시가 난로 아래 구멍으로 들어가자, 극장 사람들이 제게 "고양이를 데려가."라고 말했고, 저는 "아냐, 아냐, 됐어요."라고 했죠. 하지만 저는 테시를 집에 데려왔습니다. 원하지 않았지만, 마음속 깊은 곳에 핍스가 떠올랐습니다. 고통받는 핍스, 잠든 핍스가요. 마치 누군가 제게 화산을 다시 품으라고 하는 것 같았습니다. 산을 오르고 프로메테우스를 보호하라고요. 저는 "사흘만 데리고 있을 거야. 그 이상은 안 돼."라고 못 박았습니다. 그렇지만 동물을 안 키우겠다고 동물을 애써 피하며 살아온 건 아닙니다. 다시 죽으려고 다시 사는 일을 원치 않았을 뿐이죠. 그리고 제게는 아이를 키우고 싶지 않은 이유가 수천 개나 있었습니다. 그중 하나를 꼽으면 사랑, 동물을 사랑하는 일입니다. 저는 테시를 극장에 다시 갖다 두려 했습니다. 다시 갖다 두려 하는 순간 핍스의 영혼이 깨어나 제게 이렇게 말했습니다. "넌 날 다시는 버리지 않을 거야." 저는 아무 대답도 할 수 없었습니다. 테시가 벌써 어마어마한 신뢰를 보이며 문 앞에서 몸을 동그랗게 말고 골골됐기 때문이죠. 저는 할머니에게 도움을 요청하고 테시를 밤새 문 앞에 두었습니다. 그런데 어떻게 그때 이미 테시가 순수한 신뢰 속에서 제 가슴, 제 마음으로 들어와 골골거릴 수 있었는지 모르겠습니다. 테시는 제 목에 팔을 두르고 거의 없다고 봐도 좋을 자그마한 입술을 제 입술에 대고 속삭였습니다. "두려워하지 마세요, 두려워 마요." 그 순간 감탄과 함께 존경스러운 마음이 차올라 저는 더 이상 생각대로 할 수 없어졌습니다. 테시는 제 생각과 두려움

을 이미 모두 알고 있었습니다. 테시는 정말 작아 몸무게가 1킬로그램밖에 되지 않았고, 제 손길이 닿는 곳에, 자기 크기와 체형, 몸집에 맞춰 자리 잡는 법을 알았습니다. 깃털만큼 가벼운 존재인 테시는 아이이자 약혼자, 연인, 사람 역할을 도맡았습니다. 테시는 부담도 괴로움도 주지 않고 제 안에 자리를 잡아갔습니다. 그리고 키스하는 법을 고안하기도 했습니다. 아시다시피 사람과 달리 고양이는 코와 혀로 키스합니다. 저를 입양한 테시는 벌써 자연스럽게 사랑을 표현했습니다. 테시는 저와 닮아갔고, 자신의 작은 몸을 사람 몸처럼 생각하고, 크기와 높이, 깊이를 섬세하게 옮기며 제 생각을 읽기도 했습니다. 우리 사이에는 어떠한 배신도, 음흉한 수작도 없었습니다. 그러니까 원한과 죄책감, 자그마한 미움이 활활 타도록 발화점이 되어줄 분노, 그리고 이 모든 걸 불러올 비난의 그림자조차 없었습니다. 여러분은 어떤 순서로 흘러갈지 알고 계실 겁니다. 테시는 제가 자신을 절대 버리지 않을 걸 알았습니다. 마치 제 모든 유기 경력이 핍스에서 끝나버린 것처럼 말이죠. 외출할 때도 테시가 무서워하지 않는다는 걸 전 알고 있습니다. 저는 테시에게 "하루 종일 나가 있을 거야."라든지 "보름 동안 다녀올게."라고 말해주고, "다녀왔어."라고도 말해주었습니다.

테시는 제 말을 의심하지 않았고, 저는 테시가 두려워 할까 봐 걱정하지 않았습니다. 테시는 절 자유롭게 두었죠. 저는 기쁨과 열망 속에서 최선을 다해 테시를 돌보았습니다. 우리는 지치지 않고 서로를 찾고 또 찾았습니다. 테시는 평생 저를 원망하지 않았습니다. 두려움에는 작은 즐거움 또한 있다는 걸 알고 우리는 이러한 즐거움을 서로 허락했습니다. 우리는 놀면서 길을 잃은 척하기도 하고, 테시는 숨기도 했습니다. 그건 연극이었죠. 저는 눈물 젖은 친구 역할을 맡아 테시가 숨은 곳을 지나치며 탄식하고, 테시가 신나서 살랑이는 꼬리 끝을 못 본 척하기도 했습니다. 울부짖으며 독백을 이어갔어요. "아이고, 테시를 잃어버리다니. 하늘이시여, 에우리디케[2]를 돌려주소서." 결국 테시는 더 못 참고 서랍이나, 사전으로 가득 찬 벽 틈에서 웃으며 나오곤 했습니다. 테시는 제게 좋은 기억만 남겼습니다. 저를 믿어주었죠. 사랑하는 사람을 어루만질 때면 테시는 우리 옆에 딱 붙어 등불처럼 은은한 빛을 뿜었습니다. 축복처럼요. 테시는 우리의 증인이 돼주었죠. 테시가 보기에 우리는 행복한 손님이었고, 테시는 우리의 수호자였습니다. 우리

---

2) Eurydice. 그리스 신화 속 인물. 오르페우스의 아내로 에우리디케가 뱀에 물려 죽자 오르페우스는 아내를 찾으러 저승에 내려간다.

의 경우, 우리는 테시를 문밖에 두지 않고 빵을 함께 나누었습니다. 테시를 내쫓거나 배제할 이유가 전혀 없었습니다. 마찬가지로 식사 때도 테시는 항상 우리와 같은 시간에 먹길 좋아했습니다. 모든 것이 풍족하고 고요하며 즐거웠습니다. 겉보기에 색은 다르지만, 영혼만은 같았습니다. 테시는 무엇에도 빚지지 않고 제게 인생, 자신의 인생, 저의 인생을 내어주었습니다. 테시는 제게 죽음을 선사했고, 저는 그걸 간직하고 있지만 여기서는 말하지 않겠습니다. 저는 이 선물을 받고 죽을 거라 생각했지만, 그럼에도 우리는 살아가야만 합니다. 테시는 얇디얇은 입술을 제 입술에 대고 말했습니다. "무서워하지 마요, 돌아올게요, 방법을 찾아 볼게요." 그리고서 테시는 제 혀에 마지막 숨을 남겼습니다. 테시는 돌아왔습니다. 필리아와 알레테이아라는 방법으로요. 두 고양이는 같은 날 태어났습니다. 잿불에 불을 다시 붙이고, 이름이 이름으로 넘어가는 것처럼요. 테시에서 테이아가 나왔고 테이아는 그리스어로 진실을 뜻하는 알레테이아가 되었습니다. 그리고 알레테이아에서 그리스어로 사랑을 뜻하는 필리아가 나왔습니다. 사랑하는 사랑, 사랑에 대한 사랑 말이죠. 그러나 제가 사랑하지 않았다면, 잃을까봐 두려워하는 일이 없었다면, 그러니까 잃어버릴 고양이가 없었다면, 저는 기쁨도 삶도 없이 불쌍한 사람으로 남았을 것입니다. 기억도, 열정도 없었겠죠. 동물 없이는 저도 없습니다. 저는 없는 사람이었을 겁니다.

이제 여러분께 제가 너무나 착한 고양이 테시를 피했던 수천 가지 이유 중 하나를 말해드리려 합니다. 천 가지 중에 가장 진실한 이유입니다. 제 생각에 그건 테시가 죽으면 얼마나 고통스러울지 두려웠기 때문입니다. 끔찍한 공포였습니다. 그래서 피했던 겁니다. 사랑은 행복을 안겨주지만 가장 강렬하고, 가장 짜릿하며, 가장 달콤한 행복을 누리려면 죽음을 대가로 치러야 합니다. 사랑을 하는 사람은 다른 사람을 위해, 다른 사람 때문에 떨게 됩니다. 다들 그렇죠. 살고 싶은 이유가 마찬가지로 죽고 싶은 이유가 됩니다. 저는 아버지의 죽음에 이어 입양한 아들이자 아이면서 형제인 핍스의 죽음으로 이미 죽음을 맛보았습니다. 저는 죽음을 차례차례 겪었습니다. 고통받고 멀어지는 일이 두렵습니다. 동물을 사랑한다는 일에는 죽음이 확실히 자리합니다. 적어도 순리대로라면 코끼리를 제외하고 동물의 기대 수명이 사람보다 자연적으로 더 짧기 때문에 죽기 전에 반려동물이 죽는 걸 볼 가능성이 큽니다. 우리 둘

중 한쪽은 상대가 죽는 걸 보게 될 것이고, 상대의 죽음을 견뎌야 합니다. 둘 중 누가 살아남을지는 알 수 없지만, 운이 따르지 않는다면 한 생명이 떠나고 여전히 살아가는 불행을 떠안을 쪽은 제가 될 게 분명합니다. 하지만 제게 다른 기회가 있다면, 그러니까 먼저 죽는다면 더 만족스러울까요? 아직 경험하지 못한 일이라 잘 모르겠습니다.

지난번 화재 때 아파트 건물이 불길에 휩싸였습니다. 소방관이 도착했을 때 제게 고양이 한 마리를 겨우 살릴 수 있을 일 분이 주어졌습니다. 어느 쪽을 택해야 할지 알 수 없었습니다. 알레테이아? 필리아? 그리고 일 분이 지나 불길이 거세지다 극적으로 진압되었습니다. 옛날부터 내려오던 공포가 남겨졌습니다. 구하지 못하면 죽는다. 제가 한 마리를 구했다면, 다른 한 마리는 죽었을 겁니다. 구하지 않거나 구할 수 없는 경우가 생길 수 있습니다. 어떻게 해야 좋을까요? 가능한 한 많이 구하고, 시도하고, 적어도 시도할 생각을 해야 하지 않을까요? 우리와 비슷한, 그러니까 사람과 같은 영장류에 속하는 유인원이 2050년에 사라질 거라는 기사를 신문에서 읽었습니다. 저는 그 전에 일찍이 사라질 겁니다. 정말 다행이다 싶습니다. 개체 수가 계속 줄어드는 걸 보며 애통해할 일은 적어도 없을 테니까요. 고릴라는 점점 줄고 있습니다. 이러다 보면 모두 사라질 겁니다. 침팬지도, 보노보도 오랑우탄도 전부 다요. 핍스 같은 쥐잡이도 안녕입니다. 마치 애초에 없었던 것처럼요. 고릴라와 보노보의 사촌인 어린이들은 이런 일이 올 거라는 걸 꼭 기억해 주세요. 조심하지 않으면 털북숭이 형제가 사라질 테니까요. 형제도 자매도 없이 외톨이가 될지도 모릅니다. 지구에는 빙하기가 또다시 찾아오겠죠. 상상력이 모두 얼어버린 세계요. 저는 아무것도 할 수 없지만, 어린이들은 뭔가 할 수 있을 겁니다.

제 이야기는 여기서 끝났지만, 조금 더 덧붙입니다. 저는 핍스의 영혼이 집에 있다고 믿습니다. 쥐잡이를 보지는 못하지만, 어떤 표시로 알아볼 수는 있습니다. 신발 상자 같은 걸로요. 두 고양이, 알레테이아와 필리아는 저마다 요람과 해먹, 바구니, 둥지, 자고 쉴 곳을 아파트에 여러 개 갖고 있습니다. 그렇지만 고양이가 제일 좋아하는 곳은 바로 신발 상자입니다. 상자에 있는 무언가가 고양이를 유혹하고 설득해 좀 비좁아 보이는 상자 속으로 고양이가 고슴도치처럼 몸을 둥글게 말아 들어갑니다. 유령이 된 핍스가 고양이에게 발짓하는 걸까요.

- 2006년 1월 21일, 몽트뢰이 신설 극장에서 열린 작은 강연에서.

질문과 답변

보노보가 뭔가요?

사람과 가장 유사한 영장류입니다. 우리와 생김새가 고작 몇 밀리미터 차이밖에 나지 않습니다.

유인원과 함께 생활했던 유명한 동물행동학자는 모두 여성인데, 우연일까요?

동물행동학자는 현장을 누비는 과학자로 동물을 탐구하는 민족학자입니다. 실제 신기하게도 동물행동학자 대부분이 여성입니다. 얼마 전 제가 읽은 한 인터뷰에서 제인 구달도 이 사실을 지적하더군요. 저명한 동물행동학자 대다수는 여성으로, 동물이 단순히 짐승이 아닌 존엄성을 가진 생명으로 여겨지도록 동물을 가까이에서 연구하는 멋진 사람들이죠. 소박하고 뛰어난 여성인 제인 구달은 무엇이 여성과 동물 사이의 사랑, 이 연결을 가능하게 하는지 설명하고 남자들이 원숭이와 사진 찍기를 꺼린다고 언급했습니다. 저도 궁금합니다. 원숭이와 사진 찍기가 불편한 이유가 뭘까요? 인간과 원숭이가 너무 비슷해 누가 원숭이인지 헷갈릴까 봐 그런 걸까요? 그렇다면 일리 있는 이유 같습니다만, 사랑과 인내를 모두 갖춘 남자가 많지 않아 생긴 문제 아닐까 싶습니다. 모성애, 자상함, 오랫동안 지켜

보기 또는 종의 장벽을 뛰어넘는 용기 같은 것 말이죠. 침팬지나 고릴라를 형제나 남편처럼 사랑할 수 있을 만큼요. 형제나 남편으로서가 아니라 형제나 남편처럼 말입니다. 이건 매우 어려울뿐더러 금지된 일입니다. 제인 구달이 엄청난 경험을 얘기했을 때 과학자들은 구달이 침팬지에 이름을 붙여 보고서를 작성했다고 비난했습니다. 예를 들어 제인 구달은 가장 친한 침팬지에게 데이비드라는 고유한 이름을 붙였는데, 과학자들은 이름을 대신해 B1, B7과 같은 기호를 붙입니다.

지금 해주신 이야기는 진짜 있었던 일인가요?

좋은 질문이네요. 이야기는 사실이 아닐 수도 있고 여러분도 이런 이야기를 얼마든지 지어낼 수 있을 겁니다. 그렇지만 이야기는 사실입니다. 두려움과 열정을 얼마간 품고 이야기할 때 모든 이야기는 어떻게 본다면 사실이 됩니다. 어떤 사람을 꾸며내서 그 사람이 진짜 살아 있는 것처럼 만들 수 있습니다. 예를 들어, 군인과 표범 이야기는 제가 지은 게 아니라 발자크라는 위대한 작가가 지었는데, 이 이야기를 읽었을 때 저는 그게 진짜 있었던 일이라고 믿었습니다. 잘 모르지만 제게 있어 이 이야기는 사실이며 사실일 수도 있다고 봅니다.

핍스에 대한 추억 덕분에 자유롭게 자기 자신으로 살 용기를 얻었을까요?

네, 물론입니다. 그렇지만 앞서 이야기한 모순되는 상황은 여전합니다. 늘 그렇듯 우리는 자유롭지 않을 때만 자유를 원하고 찾습니다. 여러분과 저는 적어도 시민으로서 자유롭다고 생각하지만, 그 또한 확실하지 않습니다. 예를 들어, 여기 계신 분 중에서도 자유가 제한된 사람이 있을 수 있습니다. 체류증이 없다면 말이죠. 또한 결혼 생활이 감옥 같다면 자유롭지 않을 수 있습니다. 삶을 정의하는 것, 삶이 삶을 뛰어넘어 계속되게 하는 것, 사람보다 더 강한 것을 저는 자유라고 부릅니다. 사람이 어디까지 속박될 수 있는지, 그리고 자유가 없으면 영혼이 죽는다는 사실을 저는 어린 시절 모국에서 배웠습니다. 아무도 자유롭지 않았기 때문입니다. 남들보다 훨씬 덜 자유로운 이들도 있었고요. 감옥 주변으로 감옥이 또 있었습니다. 끝까지 가면, 지배 계급인 프랑스인 또한 자유롭지 않았습니다. 프랑스인 또한 자신이 다른 이에게 부과한 지배와 규제의 포로였기 때문입니다. 프랑스인은 독일인의 노예였습니다. 노예 제도와 자유 박탈이 다단계로 이루어졌습니다. 세상 전체에서 가장 자유롭지 않은 동물은 노예의 노예의 노예였습니

다. 매우 불공평하게도 동물은 말하는 어려움마저 있으니까요. 대부분의 경우 사람은 동물이 표현하지 않는 것처럼 굽니다. 동물이 "말을 못 한다."고 하죠. 그러나 동물은 말을 합니다. 비록 동물은 사람과 같은 언어를 쓰지는 않지만요. 제가 닭 이야기를 깜빡했네요. 정원에는 아마도 핍스보다 더 불행했을 동물, 닭이 있었습니다. 닭은 핍스 바로 옆 철조망 안에 있었습니다. 모두가 겪는 일을 저도 살면서 겪었습니다. 무언가를 경험할 때는 눈을 가리거나 마주하는 방법밖에 없는데, 마주하는 순간 우리는 기억의 살에 창살이 파고 들어가는 걸 느끼게 됩니다. 저는 참을 수 없는 것을 보고, 참는 법을 배웠습니다. 삶은 매우 잔인하며, 상상하고 생각하는 것만이 유일한 무기입니다. 핍스는 제게 많은 걸 가르쳐주었습니다. 저는 처음에 핍스가 셋째 동생이었다 쫓겨나 죽는 개가 되는 이야기 속에 있는 것 같은 기분이 들었답니다.

언제 작가가 되셨나요? 그리고 왜 글을 쓰셨나요?

사실대로 말하고 싶지만, 저도 정확히 알지 못해서 답하기에 좀 곤란하네요. 언제인지는 정확히 모르겠습니다. 사실, 책 쓰는 사람이 되기 전, 제가 여러분 나이였을 때 저는 책에 파묻혀 살았습니다. 책은 현실보다 이따금 더 공평하고, 멋진 일이 벌어지는 유일한 곳이었습니다. 글쓰기는 독서에서 시작했다고 봅니다. 핍스에게 자기 집이 있었다면, 제게는 책이 있었습니다. 저는 읽고 또 읽었고, 책의 세계를 무엇보다 소중히 여겼습니다. 요즘에는 감옥에서도 책을 빌릴 수 있습니다. 그건 벽에 탈출을 노릴 수 있는 문이나 작은 구멍이 있는 것과 마찬가지입니다. 강제 노역소에서는 책을 빌릴 수 없습니다. 읽는 것, 요술 지팡이를 갖는 것은 정말 굉장한 일입니다. 그러다 저는 이 요술 지팡이를 어떻게 사용할지 고민했습니다. 하지만 언제부터 쓰고 싶다고 생각했는지는 모르겠네요. 어렸을 때는 맞는데. 아마도 아버지가 돌아가셨을 때, 그러니까 열 살 때 글을 쓰고 싶다고 처음 생각한 것 같습니다. 그렇지만 작가가 되기까지는 또 이야기가 깁니다. 왜 썼냐고요? 그래야 현실을 벗어날 수 있고, 또 다른 자유를 맛볼 수 있다는 걸 알았기 때문입니다.

프랑스에 어떻게 왔나요?

프랑스에 정착하러 왔을 때, 저는 프랑스가 처음이었습니다. 아랍 아이들과 싸울 때면 아이들은 제가 자신들과 같은 처지인 줄도 모르고 프랑스 사람이라 생각했어요. 전 아랍인도 아니지만 프랑스인도 절대 아니었습니다. 유년 시절 내내 너무 힘들어서 알제리를 떠나야 한다는 생각뿐이었죠. 불행과 가난, 불운, 불의만 가득했으니까요. 열일곱 살이 되어 바칼로레아[3]를 통과하고 고등학교를 마쳐 자유의 가능성이 생겼을 때 저는 떠나야만 한다고 생각했습니다. 그렇지 않으면 그 냉혹한 나라에서 미쳐버릴 것 같았습니다. 파리에 왔지만, 저는 프랑스에 대해 아는 게 없었습니다. 외가는 독일 사람이고 친가는 스페인에서 넘어온 알제리 사람이었거든요. 그렇지만 제가 갈 수 있는 나라는 프랑스였습니다. 당시에는 알제리에서 프랑스에 올 때 배를 탔습니다. 커다란 배를 탔는데 한 척은 빌 달제, 다른 한 척은 빌 도랑[4]이었습니다. 바다를 건너려고 도시를 탄다는 게 재미있었죠. 이어 마르세유에 도착해 기차를 타고 파리로 상경했습니다. 프랑스에 도착했을 때 저는 이방인이었지만 프랑스 세계, 프랑스 사회, 프랑스 학계에서 길을 찾으려 노력했습니다. 저는 프랑스 정부가 아닌 프랑스의 책과 문학, 언어

---

3) Baccalauréat. 프랑스의 고등학교 졸업자격시험. 이 시험을 통과한 후 일반 대학에 지원할 수 있다.

4) 빌 달제Ville d'Alger와 빌 도랑Ville d'Oran에서 빌Ville은 우리말로 도시를 뜻한다. 알제Alger는 알제리의 수도, 오랑Oran은 알제리 북서부에 위치한 대도시다.

를 좋아했습니다. 정부는 바뀌고 또 변한다는 걸 잘 알았기 때문에 프랑스 정부를 프랑스 그 자체라고 여기지 않았습니다.

핍스와 같이 살았던 시기에 어떤 책을 읽으셨나요?

손에 넣을 수 있는 모든 책을 읽었어요. 먹을거리와 마찬가지로 읽을거리가 너무나 절실했습니다. 다행히 제가 살던 가난한 동네에는 시립도서관이 있었어요. 저는 도서관에 책을 빌리러 가는 목요일이 되기만 애타게 기다렸습니다. 한 사람이 두 권씩 빌릴 수 있어 제 몫으로 두 권, 외할머니 몫으로 두 권, 이렇게 총 네 권을 빌리려고 체구가 무척 아담한 독일인 외할머니와 함께 도서관에 갔습니다. 외할머니를 시립도서관에 등록해 드렸는데, 외할머니도 애거사 크리스티 같은 좋아하는 작가 책을 빌리셨죠. 덕분에 저도 애거사 크리스티 책을 다 읽었답니다. 알렉상드르 뒤마와 발자크 등 손에 넣을 수 있는 책은 닥치는 대로 읽었습니다. 책이기만 하면 뭐라도 상관없었어요. 또한 잡지와 그보다 재미없는 책, 시네몽드[5] 등 도서관에 있는 모든 걸 읽을 수만 있다면 뭐든지 읽었습니다. 책을 빌려

---

[5] Ciné-monde. 1928년 부터 1971년까지 발간한 프랑스 영화 잡지. 20세기 중반에 큰 인기를 끌었다.

오면 스물네 시간 만에 전부 읽어치웠습니다. 도스토옙스키는 그때 아직 못 읽었는데, 제 생각엔 도서관에 없었기 때문 같네요. 도스토옙스키는 나중에 열세 살인가 열네 살 때 읽었습니다. 그렇지만 독서 목록에 빅토르 위고는 있었어요. 말하기 좀 쑥스럽지만, 당시엔 시시하고 형편없는 것도 많이 읽었습니다. 심지어 죽을 만큼 지루하다고 생각하는 탐정 소설도 읽었습니다. 외할머니가 탐정 소설을 끊으신 뒤에는 한 권도 펴보지 않았지만요. 반면 로맨스 소설은 질색이라 쳐다보지도 않았어요.

어떤 작가를 좋아하시나요?

다양하게요. 프랑스 작가도 좋아하고 외국 작가도 좋아합니다. 저는 스탕달과 발자크, 프루스트, 위고 같은 위대한 프랑스 고전 작가를 좋아하는데요, 모리스 블랑쇼 같은 동시대 작가도 즐겨 읽습니다. 언어를 즐기려고 몽테뉴와 롱사르, 랭보부터 동시대 시인까지 모두 즐겨 읽습니다. 또한 외국 문학도 정말 좋아합니다. 모두 다 아실 셰익스피어와 호메로스의 『일리아드』, 『오디세이』뿐 아니라 독일 낭만주의나 카프카 같은 좀 덜 알려진 작가도요. 더 이상 외할머니와 함께 도서관에 가지 않지만, 프랑스어로 출간되는 책이라면 전부 살피고 호기심과

욕망에 이끌려 전부 읽으려 하는 편입니다. 열한 살 때 저는 알렉상드르 뒤마 때문에 크게 상심했는데요. 『삼총사』를 읽고는 놀랍게도 속편이 있을 거라 생각했습니다. 그래서 『철가면』을 찾아 읽고 그게 마지막 작품인 걸 알게 되었죠. 절망 속에서 이제 뭘 해야 할지 생각한 끝에 저는 다시 읽기 시작했습니다. 저는 두꺼운 책을 좋아합니다. 적어도 일요일까지 읽을 수 있게 가능한 가장 두꺼운 책을 찾던 탓일까요. 질문한 사람은 어떤 책을 제일 좋아하나요? 『해리 포터』?

『반지의 제왕』 읽어보셨나요? 아직 아니라면 그 이유는요?
읽어야 했던 책인데 딱 맞혔군요. 저는 읽지 않았지만 제 아이들과 손자들은 읽었습니다. 아마도 아이들을 위해 안 읽은 책으로 남겨두고 싶었는지도 모르겠네요. 가끔 아이들이 『반지의 제왕』 이야기를 하더군요. 읽어야 했는데 말이죠. 곧 읽기 시작하지 않을까 싶어요.

강아지처럼 그 시절에 자유로웠나요?
딱 강아지만큼요. 마음은 자유로웠지만 현실은 그렇지 않았습니다. 끝없는 일이었죠. 지금도 저는 자유가 궁금합니다. 어느 정도 자유롭지만, 뜻대로 할 수 없는 게 분명히 있습니다. 어린 시절의 대문이나 철장, 벽과 같은 한계에 부딪히면 화가 솟구쳐 미친개가 되기도 합니다.

작가라는 본인의 직업을 좋아하시나요?

제가 딱 잘라 대답할 수 있는 유일한 질문이네요. 아주 좋아합니다. 쓰는 일은 완전히 순수하고 계산적이지 않으며, 저는 고통에 몸부림치며 글을 쓰는 불행한 작가 유형도 아닙니다. 쓰는 일을 좋아하고 글쓰기로 세상의 모든 즐거움, 간접적인 즐거움, 비극, 슬픔, 동시에 희극도 맛봅니다. 웃겨 죽을 것 같은 글을 쓸 수도 있고요. 저에게 글쓰기는 덤으로 인생을 사는 것과 같습니다. 더군다나 저는 글을 쓰지 않고는 살 수 없어 그게 약간 문제예요. 현실적으로 더 이상 쓸 수 없다면 무슨 일이 벌어질지 항상 두렵거든요. 쓰지 않고 사는 법을 배우지 못했습니다.

알제리와는 현재 어떤 관계인가요?

끝없이 답할 수 있는 질문이라 매우 피상적으로 답할 수밖에 없을 것 같습니다. 불행하게도 제게 알제리는 이웃 나라의 고통과는 다르게 모든 고통을 특별히 꿰뚫어 볼 수 있는 나라입니다. 알제리에 저는 매우 강렬한 감정을 품고 있습니다. 다들 모국에 대해 특별한 감정을 품고 있을 겁니다. 몸으로 직접 겪으며 불행 속에서도 사는 즐거움을 맛본 곳이니까요. 이제 저는 알제리와 다른 관계에 있습니다. 저는 알제리가 프랑스의 식민지인 시절에 알제리에서 태어났습니다. 알제리 사람으로 이루어진 알제리는 또 다른 알제리로, 알제리 사람 몇몇과 가족으로 이어져 있습니다. 알제리인 모두를 좋아하지는 않는데 이건 제가 프랑스인 모두를 좋아하지는 않는 것과 마찬가지입니다. 비슷한 가치관과 비슷한 열정, 비슷한 감정을 공유하는 특정 세계와 관계를 맺으며 사는 법이니까요. 이 나라와 저는 각별한 방식으로 무한히 많은 것을 공유합니다. 한 나라에서 태어나 그곳을 떠나 두 번째, 세 번째 나라에 정착한 모든 이들처럼요. 20세기와 21세기 역사는 또한 나라를 바꾸고 이동하고 망명하고 나라를 잃고 다른 나라를 찾고 모국으로 되돌아가는 사이에 이루어졌습니다. 알제리는 제가 정말 소중히 여기는 나라며 좋은 일이 있기를 바라는 나라입니다.

글쓰기를 시작했을 때 맞춤법 실수를 많이 하셨나요?

미안하지만 맞춤법 실수는 안 했어요. 신기하게도 어떻게 맞춤법 실수를 안 했는지 설명하기는 좀 어렵지만요. 저는 언어를 정말로 잘하고 싶었고, 언어를 정말 좋아해서 표범이나 어떤 여자, 어떤 남자가 자신을 가장 아름답게 보이려 노력하는 것처럼 가능한 한 언어를 아름답게 표현하려고 열심히 노력했어요. 항상 문장이 오류 없이 아름답도록 꼼꼼히 살폈습니다. 그렇지만 언어를 좋아하면서도 맞춤법은 틀릴 수 있다는 걸 이해합니다. 이상하지만 그런 일은 일어납니다. 가까운 친구 중에도 엄청나게 맞춤법을 틀리는 친구가 있습니다. 어린이가 아니라 어른이고, 유명한 전문가나 예술가인데 말이죠. 성인이 되어서 흔히 말하는 교정용 받아쓰기를 한 번도 해본 적이 없습니다. 어쩌면 실수가 있을지도 모르겠네요. 그리고 제가 사전을 좋아한다는 말을 꼭 전하고 싶어요. 사전은 숲과 같습니다. 프랑스어 숲에 있을 때마다 여전히 모르는 단어를 계속 발견합니다. 취미로 여전히 사전을 뒤적이고 있어요.

다니던 도서관에 만화가 있었나요?

정말 재미있는 질문이네요. 제가 다니던 도서관에는 만화가 없었던 것 같아요. 만화가 막 시작된 때라서요. 제가 어렸을 때는 전쟁이 막 끝난 참이라 세상이 아직 무척 가난했습니다. 비싼 책을 사기에는 가난한 때였죠. 만화는 전쟁 전에도 있었는데 전쟁이 끝난 뒤 일종의 사치품이 되었습니다. 만화책이 귀해 초창기 만화책을 돌려보는 걸 좋아했어요. 남동생은 『스피루』[6]에 푹 빠져 이 만화를 손에서 내려놓지 못했고 나중에 제 아들은 『피프』[7]에 빠져 살았습니다. 전 만화책 세대가 아니고요, 가끔 어쩌다가 만화를 읽습니다. 손주들이 재미있는 만화라고 추천하거나, 귀엽게도 만화책을 선물하면 말이죠. 그러니까 손주들이 선물한 만화를 읽습니다. 이해가 아예 안 가는 만화도 있고 이해도 잘 가고 훌륭한 만화도 있습니다. 제가 만화에 좀 약해서 시험이라도 있다면 떨어질 것 같네요. 굳이 꼽자면 전 조안 스파르[8]를 좋아합니다.

고기를 안 드시면 채식주의자인가요?

잘못을 고백해야겠네요. 동물을 먹기도 하지만 기억을 삼키려

---

6) Spirou. 일반적으로 Spirou로 단축되는 Spirou & Fantasio는 가장 인기 있는 고전 프랑스-벨기에 만화 중 하나다. 1938년부터 이어온 이 시리즈는 『땡땡의 모험』, 『럭키 루크』, 『아스테릭스』 등 유럽의 유머러스한 모험 만화들과 많은 특징을 공유하고 있다.

7) Pif. 1948년 호세 카브레로 아르날이 일간지 위마니테에 연재하기 위해 만든 만화 캐릭터로 고양이 헤라클레스와 적대적 관계를 형성하는 의인화된 모습의 개이다.

8) Joann Sfar. 프랑스 만화가이자 소설가, 영화감독. 생텍쥐페리의 『어린 왕자』를 만화로 만들어 앙굴렘 국제만화페스티벌에서 수상했다.

고 노력해야 가능합니다. 솔직히 말해 채식주의자였던 어릴 때 누가 고기를 먹으라고 권하면 무척 힘들었습니다. 그러나 마음을 바꿔 고기를 먹기로 했죠. 여러 번 마음을 고쳐먹었지만요. 저는 채식주의자다운 채식주의자는 아닙니다. 채식을 종교로 삼지 않습니다. 생선과 그 외 여러 가지도 마찬가지고요. 이런 끝없는 갈등 속에서 늘 흔들린답니다. 끝이라고 쓰고 허기라고 읽지요.

『나니아 연대기』를 읽으셨나요?
아니요, 즐겨 읽는 장르가 아니라서요.

그림을 그리시나요?
아니요. 어렸을 때는 그림 그리는 걸 좋아했는데 소질이 없어 매우 빨리 내려놓은 걸로 기억합니다. 좀 더 털어놓자면, 한 살 아래 남동생이 그림을 잘 그리는데 동생과 뭔가 나눠서 해야 한다고 생각했거든요. 저는 쓰고, 동생은 그리는 식으로요. 그럴 필요가 전혀 없었는데 그런 생각을 했답니다.

몇 살부터 동물과의 관계에 대해 생각하고 자신에게 벌어진 일을 모두 이해할 수 있었나요?

매우 일찍 시작했지만, 그 상황 속에 있을 때는 아니었습니다. 일이 일어났을 때, 그 일은 제게 완전히 확실하게 새겨졌죠. 날짜를 정확히 말하기는 어렵지만 두 번째 책[9]부터 동물과의 관계에 대해 명료한 방식으로 생각하기 시작했다고 봅니다. 모든 게 거기 있고, 동물이 마음속에 자리 잡았으며, 그때 무슨 일이 벌어진 걸 이미 느꼈습니다. 첫 책[10]부터 이 모든 걸 담았죠. 그러나 동물과의 관계에 대한 질문을 전개하고 깊이 파헤치는 일을 절대 멈추지 않을 생각입니다. 무슨 일이 벌어질 때마다 그 질문에 대해 다시 생각하고 같은 관점에서 다른 상황을 고려해 봅니다. 한 장면에서 시작해서 말이죠.

감옥에 갇히면 영혼이 도망간다고 하셨는데, 전쟁 없는 세상에서 위대한 작가나 예술가가 나올 수 있다고 보시나요?

간단히 답변하겠습니다. 정치적 억압이 가득한 세상에서 뭔가

---

9) 『내부*Dedans*』(1969). 메디치상 수상작. 집이 피난처이자 탈출해야 하는 감옥이기도 했던 어린 시절의 경험에서 영감을 받아 쓴 자전적 소설.

10) 『신의 이름*Le Prénom de Dieu*』(1967). 존재의 고통을 담은 식수의 첫 단편소설집.

가 스스로를 구하기 위해 움직인다는 사실은 분명합니다. 한 러시아 시인이 감옥에 있을 때 쓴 시를 읽을 때마다 매우 좋아서 놀라곤 합니다. 저는 항상 시란 영혼이 뭔가를 구하려고 최선을 다해 노력한 결과라고 생각해 왔습니다. 물론, 이건 사실이 아닙니다. 그렇지 않다면 오늘날 문학은 없을 테니까요. 외부 상황이나 전쟁 때문에만 감옥이 생기는 건 아니기에 문학은 존재합니다. 나라 어딘가에서는 항상 전쟁이 일어나며, 이 전쟁은 전에 일어났거나 앞으로 일어날 전쟁과 비슷해 어떤 식으로든 우리와 관련이 있습니다. 오늘날 세계화 체계 속에서 전쟁을 피하기란 어렵습니다. 전쟁은 세상 곳곳에 있습니다. 자신과 타인, 지인과의 내전뿐 아니라 모든 전쟁의 뿌리이자 문학을 낳고, 아이스킬로스[11]를 낳은 동족 간의 전쟁도 여전히 있습니다. 우리는 끊임없이 서로 멀어지고 있습니다.

알레테이아와 필리아는 어린 소녀처럼 입양한 고양이인가요?

네, 그 둘은 입양한 고양이입니다. 전에 있던 고양이 테스가 떠

---

11) Aeschylos. 기원전 5세기경에 활동한 고대 그리스 극작가. 직접 겪은 페르시아 전쟁을 바탕으로 80여 편의 작품을 완성했으나 알렉산드리아 도서관 화재로 현재 7편만 남아 전해진다. 대표작으로 『오레스테이아』 3부작이 있다.

난 날 이 두 고양이가 생겼다는 게 참 신기하죠. 실제 있었던 좀 동화 같은 이야기입니다. 테시가 떠나 힘들어하는데 새끼 고양이 두 마리가 정원에 등장했습니다. 테시와 닮았지만, 테시의 아이들은 아니었죠. 제가 입양해 듬뿍 사랑해 주고 있답니다. 제가 항상 말하는데, 입양하지 않으면 데리고 있는 아이를 사랑할 수 없습니다. 먼저 아이와 함께 지내본 후에 입양해야만 합니다.

동물을 사랑하는 일이 글쓰기에 도움이 되나요?

물론입니다. 더군다나 저는 동물처럼 글을 씁니다. 동물은 안 쓴다고 하겠지만요. 물론 동물은 우리와 다른 방식으로 쓰지만 흔적을 남기고 자신만의 작업을 합니다. 글을 쓸 때, 저는 동물과 비슷해집니다. 책상에 한 사람을 두는데, 이 사람으로부터 온갖 동물이 쏟아지죠. 때로는 고양이나 표범처럼 뛰어오르고, 뱀처럼 기어가기도 하며 개미 걸음으로 행진하기도 합니다.

핍스는 진짜 있었나요?

네, 사진도 있어요. 참 다행입니다. 왜냐면 핍스는 정말 멋진 개라 진짜 있었다는 게 가끔은 저도 믿기지 않거든요. 핍스는 진짜 있었고 가끔 저 혼자 이상한 생각도 듭니다. 아주 작고 어린 핍스 사진을 보면 제 고양이 중 한 마리와 닮았다는 생각 말이죠. 저는 핍스를 다른 삶으로 만났다고 확신해요.

어떤 동물을 제일 좋아하시나요?

어려운 질문이네요. 지금 하는 말은 진실이면서 약간 거짓이기도 한데 현재 제가 제일 좋아하는 동물은 고양이입니다. 고양이랑 같이 사니까요. 고양이에게 너무 익숙해서 서로 정말 많은 이야기를 나누는데, 함께 하는 게 너무 많아서 뭘 했는지 곰곰이 생각해야 다 떠올릴 수 있을 정도입니다. 하지만 고양이를 제일 좋아하는 게 정말 진실인지 장담은 못 하겠습니다. 개랑 같이 살았다면 제일 좋아하는 동물은 아마도 개가 되었을 테니까요. 개가 행복하게 뛰어노는 장소에서 개가 행복해하고 즐거워하는 모습을 보면 저는 개가 되고 맙니다. 그래서 잘 모르겠습니다. 원숭이를 보면 원숭이가 와서 대문을 두드리는 곳에 살지 않아서 다행이라 생각합니다. 그랬다가는 원숭이를 입양하고 말 테니까요. 상황에 따라 다르게 답할 수 있는 질문 같네요.

핍스와 고양이 중에는 누가 더 좋으세요?

현실적으로는 고양이가 더 좋습니다. 아까 말한 대로 고양이랑은 나쁜 기억이 조금도 없거든요. 서로 화 한번 낸 적 없어요. 순수하게 사랑만 한답니다. 하지만 핍스는 매우 특별했습니다. 제가 핍스에게 충분히 잘하지 못했는데 그때는 제가 너무 어렸어요. 핍스랑 잘 지내기에는 아량이 좀 부족했죠.

독서랑 핍스를 동시에 좋아했나요?

핍스보다 독서를 더 좋아했어요. 좀 별로죠. 핍스가 집에 왔을 때 전 너무 어렸었어요. 생생히 기억나는데 전 행복하지 않았습니다. 꿈꾸던 강아지랑 살면서 강아지를 꿈꾸다니. 잘못을 저지른 거죠. 다들 이런 강아지를 꿈꾸죠. 이런저런 걸 같이 하고, 식탁에 앉고, 벼룩이 없는 로봇 같은 강아지요. 저는 진짜 강아지가 있었어요. 책은 강아지처럼 굴지 않고 우리에게 복종합니다.

시도 쓰셨나요?

시가 짧은 글을 말하는 거라면, 아니요. 하지만 어떻게 보면 제가 쓴 책은 모두 시적입니다. 책의 일부만 잘라서 출간하면 시

집이라고 속일 수도 있을 겁니다. 시적인 게 꼭 우리가 시라고 말하는 대상은 아니랍니다.

책을 쓸 때 동물에게 영감을 받으시나요?

네, 무척요. 하지만 사람과 마찬가지입니다. 종이 다른데, 사람은 일정 방식으로 생각하고 움직입니다. 사람은 날지 못하고 날아다니는 생명체라기보다 날강도에 가깝죠. 다른 생명체가 하는 모든 행동이 글 쓰는 데 필요합니다. 따라 하고 베껴서 도움이 되게 말이죠.

부모님을 사랑하시나요?

아, 당연하죠!

작업에서 알제리가 어떤 자리를, 어떤 형태로 차지하는지 궁금합니다.

알제리는 어떤 식으로든 항상 같은 곳에 있었습니다. 연극처럼 모든 일이 벌어지는 무대가 될 때도 있지만, 절대 그림 같거나 구경할 만한 대상으로는 아니고, 항상 정치적, 도덕적, 감각적 방식으로 무대가 되었습니다. 가운데 자리를 차지할 때도 있고요. 알제리에 관심을 두고 거기서 무슨 일이 벌어지는지 살피는데, 약간 발자크가 한 일과 비슷합니다. 발자크가 파리를 묘사함으로써 파리는 단지 한 장소가 아니라 하나의 등장인물이 되지요. 항상 그런 건 아니지만 저도 가끔 알제리를 두고 같은 일을 합니다.

동물에 관심 있는 남자가 여자보다 적다고 하셨는데 프랑스에는 보리스 시륄니크[12]가 있습니다. 시륄리크의 접근 방식이 문학적인 건 아니지만요.

네, 물론입니다. 그렇지만 시륄니크가 현장에서 연구했는지는 모르겠네요. 제가 언급한 건 그저 현장에서 뛰는 걸로 유명한 동물행동학자가 대부분 여성이라는 사실입니다. 이건 잘 알려진 사실로 예외가 거의 없는 매우 이상한 일이죠. 성별 간의 차이가 얽혀 있는 이야기이기도 하고요.

여전히 테시를 사랑하시나요?

그럼요, 다행히도 사랑은 멈추지 않습니다. 이렇게 죽은 존재

---

12) Boris Cyrulnik. 프랑스 의사, 정신분석학자. 나치 시대를 거친 유대인으로 프랑스 툴롱 대학 병원에서 정신분석학과 동물행동학을 기반으로 임상행동학을 활발히 연구하고 있다. 일반 대중을 위한 저서 또한 다수 펴냈다. 대표작으로 『동물의 권리Les animaux aussi ont les droits』 등이 있다.

도 계속 살아간답니다. 죽었다고 해서 사랑이 멈추는 건 아니니까요.

동물과 밀접하게 지내는 능력에 있어서 남성보다 여성이 더 뛰어나다고 생각하시나요? 그건 여성이 아이를 낳고 언어를 뛰어넘어 아이와 더 가까이 지내는 방법을 알기 때문일까요?

남성과 여성 사이에 있는 성별 간의 차이에 대한 중요한 질문이 또 나왔네요. 실제로 차이가 있을 수 있지만 그건 문화 때문이라고 보는 게 맞습니다. 그리고 어느 쪽이든 차이는 동일합니다. 지금까지 남자는 아직 말 못 하는 생명에게 귀 기울이며 엄마처럼 보살피는 일에 항상 좀 더 적게 관여하며 지내왔습니다. 이건 운명처럼 정해진 일이 아니며 남자에게도 모성애가 있고 새로운 세대의 남성이 등장하고 있습니다. 좀 아까 어느 분이 말하신 것처럼, 동물에 관심이 있는 남성 동물행동학자도 있습니다. 몇몇은 동물에게 이름을 붙이지 말라고 하지만 말이죠. 모든 건 남자가 여성성과 모성애를 얼마나 표현하느냐에 달려 있습니다. 아시다시피, 놀랄만큼 남성적이며, 전통적인 남성과 다를 바 없는 여자도 많이 있습니다. 성의 역할은 할당됩니다. 예를 들어, 간호사에는 간호하는 일이 할당됩니다. 지금 간호사라는 직업이 있지만요. 동물행동학자라는 직업은 적당한 포기를 요구합니다. 숲속 현장을 누비는 일은 흥미롭지만 대가가 따릅니다. 동물행동학자는 결혼 생활을 유지하기가 어려워 결혼뿐 아니라 전통적인 의미에서의 사회생활과 도시 생활도 포기해야 합니다. 현재 이 직업은 남자보다 여자에게 좀 더 수월합니다. 그러나 이 모든 게 딱 나뉘어져 있는 건 아닙니다. 동물원에 가서 어떻게 돌아가는지 살펴봐도 좋겠네요. 끔찍하다고 여기는 곳이기는 하지만요. 지난번 제가 봤을 때 뱅센[13] 동물원 수의사는 여자였습니다.

알제리와 관련해 질문이 많았는데, 유대인 전통과는 어떤 관계를 맺고 계시나요? 자녀와 손주에게 물려주기도 하셨나요?

이 질문 역시 답하려면 삼사 개월이 필요할 것 같은데요. 동물과 연관 지어 답해보도록 하겠습니다. 우리 가족은 유대인 출신입니다. 우리 가족은 애착과 반감을 다양한 형태로 나누고 있습니다. 애착에도 여러 단계가 있고요. 제 부모님은 무신론자셨습니다. 극단적인 방식은 아니어도 매우 신실한 집안에서

---

13) Vincennes. 파리 동쪽 근교의 도시. 엘렌 식수가 활발히 활동하는 전위파 극단 테아트르 뒤 솔레이Théâtre du Soleil가 있는 도시다.

성장하셨지만요. 그 시절에는 극단주의가 없었습니다. 관심을 두어 전통을 알고 있지만 직접 찾아보고 알고 있을 뿐 주입받지는 않았습니다. 제 아버지는 무신론자이자 사회주의자셨습니다. 그래서 저는 종교와는 별개로 전통을 이해하고 있습니다. 아버지를 빼고 온 가족에 동물에 관심이 없는 게 전통이 아니라 뿌리 깊은 유대인의 특성이라는 걸 저는 꽤 나중에야 이해했습니다. 저는 어떻게 동물에게 무관심할 수 있는지 조금도 이해할 수 없었거든요. 성경과 유대인 율법에 따르면, 동물은 밖에 살며 사람의 보살핌을 받는 대상입니다. 절대 실내에 들어오는 법 없이 완전히 따로 살아갑니다. 관련한 법이나 규정, 규칙은 없지만요. 어릴 때 저는 가족들이 동물에게 왜 그러는지 이해할 수 없었습니다. 우리 가족은 인종차별에 반대하고 사람들에게 너그럽고 친절했지만, 동물에게는 달랐습니다. 이런 방식이 말로 표현조차 필요 없는 문화에 속한 문제라는 걸 이해하는 데 오랜 시간이 걸렸습니다. 반면, 초연히 사시던 아버지는 알제리에서 극심한 고통을 겪는 동물들에게 친절히 인정을 베풀었습니다. 저는 공포를 경험했습니다. 마치 다른 나라에서 벌어지는 일처럼 말이죠.

우리가 동물을 사랑할 때

1판 1쇄 발행일 2024년 9월 10일

글쓴이 | 엘렌 식수
옮긴이 | 김모
펴낸이 | 김문영
펴낸곳 | 이숲
등록 | 2008년 3월 28일 제2020-000067호
주소 | 경기도 파주시 산남로107번길 86-17
전화 | 031-947-5580
팩스 | 02-6442-5581
홈페이지 | http://www.esoope.com
페이스북 | http://www.facebook.com/EsoopPublishing
인스타그램 | @esoop_publishing
Email | esoope@naver.com
ISBN | 979-11-91131-82-6 03160
ⓒ 이숲, 2024, printed in Korea.